Online Marketing und Öffentlichkeitsarbeit im kirchlichen Bereich

Konzept für eine online-basierte kirchliche Angebotspräsentation

Jens Engel

GRIN

Bibliografische Information der Deutschen Nationalbibliothek:

Die Deutsche Nationalbibliothek verzeichnet diese Publikation in der Deutschen Nationalbibliografie; detaillierte bibliografische Daten sind im Internet über http://dnb.d-nb.de abrufbar.

ISBN: 9783346220257
Dieses Buch ist auch als E-Book erhältlich.

Nymphenburger Straße 86
80636 München

Druck und Bindung: Books on Demand GmbH, Norderstedt Germany
Gedruckt auf säurefreiem Papier aus verantwortungsvollen Quellen

Online Marketing und Öffentlichkeitsarbeit im kirchlichen Bereich

Konzept für eine online-basierte
kirchliche Angebotspräsentation und Öffentlichkeitsarbeit

-Projektarbeit-

Im Rahmen der Ausbildung zum: **Online Marketing Manager/in**

Jens Engel

Abgabedatum: 28.05.2020

Inhaltsverzeichnis

1. Ausgangssituation, Situationsanalyse und Aufgabenstellung

Die evangelische Beispiel-Kirchengemeinde einer mittelgroßen Stadt (ca. 80.000 Einwohner, davon ca. 15% evangelisch und 45% katholisch, im unmittelbaren Einzugsbereich zweier Großstädte als überregionale Zentren mit insgesamt knapp 2,5 Millionen Einwohnern) möchte ihr Angebot im Online-Bereich erweitern. Die Kirchengemeinde ist im Kirchenkreis verbunden mit 30 weiteren Gemeinden (insgesamt etwa 110.000 Gemeindeglieder).
Ziel ist es, eine breitere Öffentlichkeit auf die Gemeindeangebote aufmerksam zu machen, der Öffentlichkeit Informationen über die gemeindlichen Aktivitäten bereitzustellen und die Website weiterzuentwickeln hin zu einer Informations- und Vermittlungsplattform für übergemeindliche, städtische und regionale Angebote rund um gemeindliche Aktivitäten. Dazu sollen auch die sozialen Medien einbezogen werden.
Die Gemeinde sieht einen besonderen Auftrag im sozialen Bereich. Menschen verschiedener Generationen und sozialer Schichten sollen in ihr miteinander in Kontakt kommen und mit Hilfe der gemeindlichen Ressourcen, den Vernetzungsmöglichkeiten und der gemeinsamen Manpower voneinander profitieren können.

Eine regelmäßig aktualisierte HTML-Website und ein gedruckter, vierteljährlich erscheinender Gemeindebrief, die beide das Gemeindelogo als Corporate Design nutzen, bestehen bereits. Zwei loyale ehrenamtliche Mitarbeiter kümmern sich aktuell um die Öffentlichkeitsarbeit im Online-Bereich. Sie haben ihre Bereitschaft erklärt, sich auf neue Konzepte einzulassen und gemeinsam mit den hauptamtlichen Mitarbeitern das Online-Angebot der Gemeinde zu erweitern. Auf der aktuellen Website werden die wöchentlich regelmäßigen Gruppenveranstaltungen, der Gottesdienstkalender und besondere Termine wie Konzerte und Konfirmandenfreizeiten publiziert. Hier wird auch der vierteljährlich als Printausgabe erscheinende Gemeindebrief ergänzend als PDF zum Download bereitgestellt. Während der Gemeindebrief in größeren Zeitabständen grundlegende Informationen liefert und über Ereignisse allgemeinen Gemeindeinteresses informieren soll, soll die Website und noch viel mehr der Facebook- und YouTube-Kanal tagesaktuelle Ereignisse aufgreifen und zur Interaktion animieren.

Das Webangebot soll weiterentwickelt werden und zu einem Informationspool für die Gemeinde und zu einer Vermittlungsplattform für Hilfesuchende werden. Die Website soll als digitaler Treffpunkt außerhalb der Kirche wahrgenommen werden. Social Media, speziell Facebook und YouTube, sollen ins Online-Konzept eingebunden werden.

2. Strategische Ziele der Erweiterung des Online-Angebots der Gemeinde

Neue Wege sollen gegangen werden: Die Online-Wege, auf denen die Zielgruppe der kirchlichen Angebote bereits unterwegs ist. Nicht nur die Einbindung der Kerngemeinde ist das Ziel, sondern die Website soll zukünftig als Serviceplattform für verschiedene Aktivitäten im sozialen Miteinander vor Ort verstanden werden. In Zeiten von oftmals eher ungünstiger (oder nicht vorhandener) PR für die Kirche, die demographische Entwicklung, mangelnder Identifikation mit Kirche und sozialem Engagement im Allgemeinen und sinkende Mitgliederzahlen erfordern besondere Anstrengungen, um die Dienstleistungen rund um die Kirchengemeinde bekannt zu machen und die entsprechenden Informationen der jeweiligen Zielgruppe zugänglich zu machen. Für den Erfolg des erweiterten Online-Angebots bedarf es einer gründlichen Zielgruppenanalyse und der Zielgruppensegmentierung.

Kirche ist deutlich mehr als der Sonntagsgottesdienst, der nur eines, wenn auch ein wichtiges, von vielen gemeindlichen Angeboten an darstellt. Die Vielzahl an weiteren kirchlichen Angeboten wird aber nur selten als kirchliches oder gemeindliches Engagement wahrgenommen. Eine neue, zielgruppenoptimierte Website der Kirchengemeinde hat das Potenzial, Informationen rund um lokale Aktivitäten gebündelt bereitzustellen, das Miteinander zu porträtieren und sogar, sich in sozialen Notfällen als Vermittlungsplattform von Hilfe und Unterstützung zu positionieren.

Die Abbildung gemeindlicher Aktivitäten im Onlinebereich soll desweiteren Hürden senken, einen unverbindlichen Erstkontakt ermöglichen und Informationen über verschiedene lokale, kulturelle und soziale Themen bereitstellen.

Das Online-Angebot soll als Ergänzung zu den Aktivitäten der Gemeinde wahrgenommen werden und durch einen echten Mehrwert an Information und Vernetzung Attraktivität auch für (vermeintlich) kirchenferne Bürger schaffen.

Durch das Erreichen von bedürftigen Bürgern und das gleichzeitige Aktivieren von Helfern und Ressourcen soll die kommunale Vernetzung in Lokalpolitik und sozialen Bereichen gestärkt werden. Kirche wird dadurch profilierter wahrnehmbar als Stimme in der Stadt. Hier will man Vorreiter im Kirchenkreis sein und Online-Modelle entwickeln, die andere Kirchengemeinden zur eigenen Umsetzung inspirieren.
Ein erstrebenswertes Ziel der Maßnahmen ist darüber hinaus der Erhalt oder gar der Ausbau der Anzahl an Gemeindegliedern.

Für alle Altersgruppen und verschiedene Bedürfnisse soll die Website eine Anlaufstelle für Informationen sein. Eine demographische Zielgruppenanalyse soll helfen, die Online-Angebote und die dafür erforderlichen Maßnahmen zu konkretisieren.

3. Demographische Zielgruppen-Analyse und Zielgruppensegmentierung

Interessen, Motivation zur Teilhabe, Gemeindeangebote und Online-Angebote

	Altersgruppe	**Motivation zur Teilhabe**	**Gemeinde-angebote**	**Online-Maßnahme**
Kinder und Jugendliche	0-16 Jahre	+Spiel und Unterhaltung +Mitgestaltung	+Kinderchor +Musik +Wochenend-Aktionen +Ferienfreizeiten +Taufe und Konfirmation	+Newsletter +Einrichtung Unterrubrik "Kinder" +Musikbibliothek +Informations-angebot +Bastel-anleitungen und Bastelvideos auf YouTube-Kanal +Online-Backstube
junge Familien	18-35 Jahre	+Erfahrungs-	+Kinderchor	+Newsletter

		austausch +Mitgestaltung	+Wochenend-Aktionen +Ferienfreizeiten +Schwanger-schaftsberatung +Taufe und Konfirmation	+Einrichtung Unterrubrik "Familie" +Musikbibliothek +Informations-angebot +Kontakt-vermittlung +YouTube, Facebook +Online-Backstube
Berufstätige und Arbeits-suchende	25-55 Jahre	+Bildung und Kultur +soziale Verantwortung +Engagement im Ehrenamt	+Chor +Anonyme Alkoholiker +Sozialberatung +Migrations-beratung +Telefonseelsorg e	+Einrichtung Unterrubrik "Wir sind für Sie da" +Newsletter +Musikbibliothek +Informations-angebot +Veranstaltungs-hinweise +YouTube, Facebook
Alleinstehende und Senioren	45-100 Jahre	+Bildung und Kultur +soziale Verantwortung +Erfahrungs-austausch +Engagement im Ehrenamt	+Chor +Anonyme Alkoholiker +Sozialberatung +Telefonseelsorg e	+Einrichtung Unterrubrik "Senioren" +Newsletter +Musikbibliothek +Informations-angebot +Kontakt-vermittlung +Veranstaltungs-hinweise +YouTube, Facebook

Daraus ergeben sich folgende konkrete Angebote für die Online-Präsenz:

- Rubrik für Kinder und Jugendliche (Bastelvideos/Bastelanleitungen/Online-Backstube/Kindermusical-Projekte)
- Rubrik für Familien
- Rubrik "Senioren"

- Rubrik "Wir sind für Sie da" (Information zu sozialen Initiativen/Kontaktvermittlung)
- Online-Klingelbeutel (Spende per Überweisung)
- Rubrik "Musikkalender"
- Online-Musikbibliothek
- Newsletter (Veranstaltungshinweise, Präsentation von Aktivitäten)
- YouTube-Kanal (Schwerpunkt Präsentation)
- Facebook-Seite (Schwerpunkt Kommunikation)

4. Operative Ziele: Wie finden Angebot und Zielgruppe zueinander?

Die Umgestaltung der Website soll hin zum Informationspool für verschiedene Generationen und verschiedene soziale Bedürfnisse führen. Ein kleines Team aus einem eventuell schon bestehenden Team für Öffentlichkeitsarbeit und jenen, die Webpräsenz später technisch betreuen werden, sollte schon im frühen Planungsstadium zusammengerufen werden.
Das Web-Angebot soll auch kirchenfernen Bürgern einen niederschwelligen Mehrwert durch gut strukturierte Informationen bieten. Die Angebote, die bereits vorhanden sind, sollen online entsprechend bereitgestellt werden, sodass durch die breitere Information bereits vorhanden Gemeindeprojekte mehr Widerhall bei den jeweiligen Zielgruppen finden.

Während der Beschränkungen in der Corona-Zeit konnten positive Erfahrungen mit Online-Andachten gesammelt werden. Allerdings haben von der Existenz dieser Angebote noch nicht alle Gemeindeglieder etwas mitbekommen, da die Arbeit an den Online-Beiträgen bisher unkoordiniert war. Der YouTube-Kanal, die Facebookseite und die Website sollen enger miteinander vernetzt werden, Beiträge aufeinander abgestimmt werden und ggf. zeitgleich in allen drei Kanälen erscheinen.

Aufklärung über die Angebote der Beratungsstellen hilft den Beratungsstellen, und den Suchenden. Erste Fragen können kanalisiert werden, sodass Personen schnell an die richtigen Kontakte weitervermittelt werden können.

5. Technische Ziele

Die Erweiterung der Website soll diese zum Treffpunkt für Gemeindeglieder und mit der Kirche lose verbundene Interessenten an gemeindlichen Angeboten machen. Es soll eine Vermittlungs-und Informationspräsenz von lokaler, teils regionaler Bedeutung geschaffen werden.
Es soll dazu eine Vernetzung mit sozialen Angeboten in der Stadt und dem Umkreis erfolgen. Die Linkliste soll Kurzvorstellungen der Initiativen beinhalten und folgende Rubriken umfassen:

- **Hilfe für Familien** (Kinderklinik, AWO, Tafel, Kinderferienprojekte, Nachmittagsangebote für Kinder, Nachhilfe)
- **Hilfe in sozialen Härtefällen** (Anonyme Alkoholiker, Suchthilfe e.V., Telefonseelsorge, Notfallseelsorge, psychosoziale Beratung, Sozialamt)
- **Hilfe für Einwanderer** (Sprachkurse, Integrationskurse, Integrationsprojekte für Frauen, Jobcenter)

Desweiteren soll eine Online-Recherchemöglichkeit für die Musikbibliothek geschaffen werden. Die Recherche nach Titeln soll technisch unkompliziert gestaltet werden. Aufgrund geringer Personalressourcen hat hier die zeiteffiziente Organisation der Buchausleihe die Priorität.

Die Online-Andachten auf YouTube sollen auch auf der Website und der Facebook-Fanpage verlinkt werden.

Außerdem soll auf der Website ein "Online-Klingelbeutel" per Überweisung eingerichtet werden, sodass eine sichere Möglichkeit zum Spenden für Gemeindeprojekte oder darüber hinaus besteht. Der Hinweis zum Spenden soll sich bewusst nicht in der Nähe Informationsangebote für Hilfesuchende befinden, sondern stattdessen auf der Homepage, wenn die betreffenden Einrichtungen vorgestellt werden oder im Newsletter, wenn Einrichtungen vorgestellt werden.

Ein monatlicher Newsletter (DSGVO-konform) soll über Gemeindeangebote das Gemeindeleben informieren, wie zum Beispiel bevorstehende Veranstaltungen, Ferienaktivitäten für Kinder, Konzerte, Weihnachtsaktionen, Kooperationen mit der AWO und der Tafel und der Vorstellung von Gemeindeprojekten. Eine extra

Familienseite auf der Website soll neben Aktionen und Informationen für Kinder und Familien als besonderen Service auch Konfirmationssprüche, Taufsprüche und Trausprüche beinhalten.

Die Gestaltung der Header der neuen Website, des Facebook- und des YouTube-Kanals soll einem Corporate Design zugrunde liegen, das sich auch im Kopf des Gemeindebriefs wiederfindet.

6. Online-Recherchemöglichkeit für die Musikbibliothek

Die Gemeinde verfügt über eine gut sortierte Musikbibliothek. Ziel ist eine engere regionale Vernetzung von Musikschaffenden, Künstlern und Nachwuchsmusikern.

Zielgruppenanalyse:

- **Musikgruppenleiter** der eigenen Gemeinde finden einen gut sortierten Bestand vor (Dokument erlaubt Suche Literatur für Flöten, Blechbläser, Klavier, Orgel, Chor, Solisten, Band, Popmusik, Klassik, usw.)
- **Eltern:** Bilderbücher, Vorlesebücher, Lesebücher für Grundschulkinder
- **Musikschulen und Schulen:** Kindermusicals (Schulgottesdienste, Schulfeste)
- **Musikschüler:** Anfängerliteratur für Instrumente (Klavier, Flöten) = Hilfe für sozial schwächer gestellte Kinder
- **Organisten in der Region:** Notenleihe teurer Notenausgaben, Vernetzung mit Musikern aus der Umgebung bringt Solisten in Gottesdienste und Konzerte (=Dankbarkeit)
- **Künstler und Lehrer:** Fachbibliothek zu theologischen, musikalischen, historischen und philosophischen Themen

Mehrwert für die Gemeinde:

- Kontakt zu bekannten Musikern in der Region / indirekte Nachwuchsförderung im Bereich Musik/Orgel/Kirchenmusik
- Alleinstellungsmerkmal in der Stadt / die Zurverfügungstellung hat eine starke soziale Komponente
- eine Online-Vernetzung mit den Bibliotheken von anderen Kirchengemeinden in der Region ist denkbar

Technische Umsetzung:

Eine Excel-Datei mit 1000 Titeln in 8 Kategorien besteht bereits (Liederbücher, Klavierliteratur, Orgelliteratur, Orchesterliteratur, Chorliteratur, Kinderchorliteratur, Posaunenchorliteratur, Theologische Bücher). Die Suche im Dokument soll auch technischen Laien keine Schwierigkeiten bereiten.

Maßnahme:

- Excel-Datei wird auf der Website zum Download zur Verfügung gestellt
- Website stellt Recherche-Anleitung bereit: Suchfunktion im Excel-Dokument per "Strg+F" und Eingabe von Schlagwörtern: Buchtitel, ISBN, Herausgeber, Komponist/Autor, thematisch (Advent, Weihnachten, Ostern, usw.)
- Auf der Website: Hinweis zu den Öffnungszeiten und den Ausleihe- und Nutzungsregeln

Der Interessent stellt Kontakt zum Gemeindeamt her, wo die Registrierung des Nutzers und die Ausleihe persönlich vonstatten gehen.
Dieses Angebot ist statisch und muss nicht weiter gepflegt werden, solange keine weiteren Titel in die Sammlung aufgenommen werden sollen.

7. Online-Konzertkalender

Zielgruppe:

- Touristen, die sich vorab über Konzerte während ihrer Urlaubszeit informieren wollen
- regionale Musiker, Chöre und Musikschaffende
- Gemeinde vor Ort

Mehrwert für die Gemeinde:

- mehr Reichweite über die Printmedien hinaus
- Vernetzung mit Online-Angeboten der Tourist-Information möglich
- stärkere Wahrnehmung der Konzertangebote in der Region

Technische Umsetzung:

- Einrichtung einer Rubrik "Konzerte und Musikveranstaltungen"

- chronologische Auflistung der Konzerte, etc. mit Kurzbeschreibung (ca. 52 Musikveranstaltungen/Jahr), die laufend ergänzt wird
- Einbetten von Photos der Künstler und Musikgruppen ermöglichen
- Hinweis auf Print-Ausgabe des Konzertkalenders
- Zugang ermöglichen und Einweisung: Kirchenmusiker pflegt und ergänzt "seine" Seite selbstständig regelmäßig

8. Rubrik "Hilfe und Unterstützung"

Zielgruppe:

- junge Familien
- Familien mit behinderten Angehörigen
- Arbeitssuchende
- Migranten und Flüchtlinge

Mehrwert für die Gemeinde:

- Stärkung der sozialen Arbeit
- Pool an untereinander vernetzten Hilfsangeboten stärkt das Miteinander in der Stadt
- bessere Wahrnehmung der Gemeinde als Dreh- und Angelpunkt der sozialen Arbeit

Technische Umsetzung:

- Kurzvorstellung einzelner Einrichtungen, Initiativen, Projekte und Behörden (Diakonie, Sucht- und Drogenberatung, Frauenhäuser, Behindertenwerkstätten, Pflegedienste, Telefonseelsorge, VHS, schulische und städtische Angebote), dazu jeweils Angabe einer Kontakt-Telefonnummer oder Email und Verlinkung zu deren Website

9. Einrichtung eines YouTube-Kanals

Nach zaghaften Versuchen zu Beginn der Corona-Krise Anfang 2020 hat sich gezeigt, dass Online-Andachten das physische Miteinander in Gottesdiensten nicht ersetzen können, aber eine sinnvolle Ergänzung darstellen. Anhand der Klick-Zahlen zeigte sich, dass der Pfarrer eine wichtige Identifikationsfigur für die Gemeindeglieder ist.

Zielgruppe:

- Menschen auf der Suche nach einem kurzen geistlichen Impuls
- Familien
- Kranke und Bewegungseingeschränkte, die Trost, Aufmunterung und Teilhabe am lokalen Gemeindeleben suchen

Mehrwert für die Gemeinde:

- Vertiefung des Gemeindebezugs von Menschen mit bereits enger Anbindung an die Gemeinde durch ein weiteres Medium
- YouTube als Medium für den Musiker-Nachwuchs in der Gemeinde und als Präsentationsplattform für die Gemeindegruppen
- Online-Präsentation ist ein niederschwelliges Angebot für Menschen mit geringem Bezug zu Kirche und Gemeinde. Gemeinde kann sich präsentieren, ohne, dass der Betrachter das Gefühl hat, "missioniert zu werden", fest eingebunden zu werden
- Ersatzangebot für Kranke und Bewegungseingeschränkte kann zumindest teilweise den Krankenbesuch durch den Pfarrer ersetzen

Technische Umsetzung:

- Live-Streaming von Gottesdiensten über YouTube. Dieses Angebot kann über die Website und den Newsletter beworben werden
- reine Online-Angebote können Bastelvideos für Kinder sein, Mitschnitte von Aufführungen oder die Dokumentation von Gemeindefesten
- SEO-Maßnahmen: Reichweite des YouTube-Kanals nutzen, indem man dort die Website der Kirchengemeinde und dem Facebook-Auftritt verlinkt. Auf der Website und auf Facebook wiederum sollte der YouTube-Kanal verlinkt sein.

10. Einrichtung einer Facebook-Fanpage

Zielgruppe:

- Gemeindeglieder, die in Facebook aktiv sind
- an Gemeindeaktivitäten wie Konzerten interessierte Personen

Mehrwert für die Gemeinde:

- Aktionen der Gemeinde bleiben durch die Facebook-Beiträge länger im Bewusstsein der Teilnehmer und der Interessenten
- eine Facebook-Präsenz ermöglicht Gespräche und virtuelle Vernetzung der Gemeindeglieder untereinander, die sich dadurch intensiver auch außerhalb des kirchlichen Umfeldes wahrnehmen können
- Identifikation mit der Gemeinde wird nach außen sichtbar
- die Kommentarfunktion unter den Beiträgen erlaubt eine virtuelle Interaktion der Gemeindeglieder untereinander

Technische Umsetzung:

- Anlegen einer Facebook-Fanpage. Die Administratorrechte sollten nicht mehr als 2 Personen haben, um informativem Wildwuchs vorzubeugen. Die Beiträge sollen stattdessen jeweils gleicher Art aufbereitet sein, um ein gepflegtes Erscheinungsbild zu generieren.
- Anheften der jeweils aktuellen Online-Andacht als erster Post im Sichtbereich
- die Impressumspflicht ist zu beachten
- Facebook-Untergruppen anlegen für Gemeindegruppen

11. Einrichtung eines Email-Newsletters

Zielgruppe:

- engere “Stamm”-Gemeinde
- unverbindlich Interessierte
- Musikinteressierte

Mehrwert für die Gemeinde:

- stärkere Vernetzung untereinander, Wissen voneinander stärken
- breitere Öffentlichkeit
- regelmäßige Erinnerung an Gemeindeangebote
- der Newsletter in Kombination mit dem PDF-Gemeindebrief ersetzt für einige Gemeindeglieder die Printausgabe des Gemeindebriefs komplett, sodass langfristig zu erwarten ist, dass Druckkosten eingespart werden können,

ohne, dass dadurch die Gemeindeglieder weniger am Gemeindeleben teilhaben würden

Technische Umsetzung:

- Hinweis zum kostenlosen Newsletter-Angebot auf der Website platzieren bei: Musikkalender, Gottesdienstplan, Angebote für Familien, Angebote für Hilfesuchende

- Im Newsletter können die jeweils aktuellen Sonntagsvideos eingebunden werden. Diese sind damit gleichzeitig Angebot und Werbung. Lokale Künstler können Erwähnung finden, wenn sie im Online-Gottesdienst auftreten. Hinweis auf besondere Veranstaltungen (Konzerte, Konfirmationen, Ferienfreizeiten). Rückblick auf kürzlich zurückliegende Veranstaltungen von allgemeinem Interesse.
- zu erwarten sind zwischen 100-1000 Abonnenten. Die Datenschutzregelungen sollten exakt beachtet werden. Daher Nutzung eines Service wie Mail Chimp
- Newsletter muss Abmelde-Link enthalten

12. Rechtliche Hinweise

Newsletter-Anmeldung hat mit dem Double-Opt-In-Verfahren zu erfolgen (Kontrollkästchen zum aktiven Anklicken und Versand Bestätigungsemail zur Newsletter-Anmeldung per Bestätigungs-Link). Sowohl auf dem Anmeldeformular der Website als auch in der Bestätigungsmail wird auf den Datenschutz (DSGVO-konform) hingewiesen und die Möglichkeit, sich jederzeit von Newsletter abzumelden. Jeder Newsletter muss außerdem den Abmelde-Link enthalten.

Gema-Generalvertrag: Online-Andachten sind vom Generalvertrag der Gema mit der EKD abgedeckt und werden wie Gottesdienste gewertet. Videos ohne gottesdienstlichen Bezug (z.B. künstlerische Auftritte, reine Musikauftritte) müssen allerdings gesondert gemeldet werden.

Online-Spende: Bedarf und Sinnhaftigkeit von online beworbenen Spenden bestehen insbesondere bei regionalen Einrichtungen wie

Behindertenwerkstätten, Sonderschulen und Diakonie. Die Arbeit der einzelnen Einrichtungen soll jeweils in den Newslettern vorgestellt werden. Im Newsletter kann auch auf die Möglichkeit, per Überweisung zu spenden, hingewiesen werden, sodass Personen mit Affinität zu einer konkreten Initiative mit geringerem Aufwand für ihre Herzensangelegenheit spenden können.
Das Spenden per Überweisung kann online beworben werden. Die Zweckgebundenheit zum jeweiligen Projekt muss dem Spender kommuniziert werden. Der Spender muss in seiner Überweisung den Spendenzweck angeben.

13. Strukturierung der Website

Homepage: Profil der Gemeinde mit Sinnbild (Kerze, Kirche, usw.) und wechselnden Kurzzitaten. Am linken Bildrand angeheftet folgen die Unterseiten (s.u.). Benennung: **"Willkommen in der Gemeinde"**

- Rubrik für Kinder und Jugendliche. Benennung: **Junge Gemeinde**
    1. Kleinkindergottesdienste (A)
    2. Krabbelgruppen
    3. Kinderchor
    4. Nachmittagsangebote
    5. Kinderferienprojekte (A), (C)
    6. Bastelkiste (B)
    7. Konfirmanden

- Rubrik für Familien. Benennung: **Familien**
    1. Familiengottesdienste (A), (B)
    2. Nachhilfe für Kinder
    3. Gemeinde-Familienausflug (B), (C)
    4. Schwangerschaftsberatung der Diakonie (D)

- Rubrik für Senioren. Benennung: **Senioren**

1.Frauenhilfe
2. Männerfrühstück
3. Weltgebetstag (B)
4. Hinweis zum Veranstaltungskalender (A)

- Rubrik für Hilfesuchende. Benennung: **Hilfe und Unterstützung**
  1. Anonyme Alkoholiker
  2. Suchthilfe e.V.
  3. Schuldnerberatung
  4. Telefonseelsorge (A)
  5. Beratungsstelle der Diakonie (D)
  6. Sozialamt
  7. Ehrenamtliche Unterstützung (A)
  8. Kinderklinik (D)
  9. Die Arche (D)

- Rubrik für Musikliebhaber. Benennung: **Musik für Dich - mit Dir!**
  1. Chöre und Musikgruppen (B)
  2. Musikkalender (A)
  3. Unsere Orgel (B), (C)
  4. Chorausflug 2020 (B)
  5. Musikbibliothek

Legende:

(A) Hinweis auf Newsletter
(B) Hinweis auf YouTube-Kanal
(C) Hinweis Facebook-Seite
(D) Hinweis auf Spendenmöglichkeit per Überweisung

Suchmaschinenoptimierung

Jede dieser Seiten und Unterseiten sollte mit einigen wenigen einführenden Sätzen zu den Gemeindegruppen, sozialen Einrichtungen oder Projekten versehen werden, um die es auf der jeweiligen Seite geht. Alle Bilder sollten zusätzlich mit Alternativtext versehen werden.

Keyword-Analyse mit WordTracker Scout

Seitenname	Keyword-Vorschläge von WordTracker Scout
"Willkommen in der Gemeinde"	evangelisch, Kirchengemeinde, [Stadt], Gottesdienste
"Junge Gemeinde"	Taufe, Konfirmation, Kinderchor, Nachmittag, Spielen, Singen, Kindergottesdienst
"Familien"	Schwangerschaft, Kontakte knüpfen, Eltern, Kirche
"Senioren"	Weltgebetstag, Seniorennachmittag, Singen, Kaffeetrinken, Veranstaltungskalender, Kirche
"Hilfe und Unterstützung"	Diakonie, Seelsorge, Sucht, Drogen, einsam, Kontakt
"Musik für Dich - mit Dir!"	Konzerte, Auftritte, Orgel, Chor, Sänger, Bibliothek

14. Site-Plan für die Website

Eine per CMS aufgesetzte Website bietet gegenüber HTML-Webseiten den Vorteil, dass die Mitarbeiter der Kirchengemeinde Inhalte eigenständig und mit überschaubarem Aufwand selbstständig aktualisieren können ohne, dass die Seitenstruktur bei einer Aktualisierung in Mitleidenschaft gezogen wird. Der initiale Site-Plan der neu zu gestaltenden Website soll folgendermaßen aussehen:

15. Kostenaufstellung für den laufenden Betrieb der Website

Maßnahme	Arbeitsaufwand (ca.-Angaben)	Anschaffungen
Pflege der Website	1 Std./Woche	ca. EUR 15,- bis 20,- /Monat Bereitstellungskosten für CMS-Baukasten inkl. Domain
Videos schneiden und Upload 2x monatlich	0,5 Std./Woche	Kamera und Videosoftware
Pflege YouTube-Kanal und Facebook	2 Std./Woche	-
Newsletter 1x monatlich	0,5 Std./Woche	Kostenlos. Durch Auflagenreduzierung des Gemeindebriefs ggf. Reduzierung der Druckkosten.
Musikbibliothek	-	-
Online-Konzertkalender	1 Std./Monat	-
Information über andere Einrichtungen kirchlicher Arbeit	-	-

16. Zusammenfassung

Eine umfangreiche Öffentlichkeitsarbeit für eine Kirchengemeinde über Online-Medien ist mit Hilfe guter Planung realisierbar, aber kein Selbstläufer. Die Website, genauso wie der YouTube- und der Facebook-Auftritt müssen regelmäßig gewartet werden und insbesondere die Social Media-Kanäle aktuell gehalten werden, sobald die CMS-Struktur eingerichtet wurde. Es sollte genau festgelegt werden, welche Verantwortlichkeiten man in hauptamtlichen Händen belässt und welche man Ehrenamtlichen Helfern übertragen kann. Dem, der Texte, Bilder und Beiträge einpflegt, sollte möglichst detailliert zugearbeitet werden. So vermeidet man einerseits die Überforderung Einzelner (insbesondere Ehrenamtlern), andererseits lassen sich durch gute Vorarbeit an Artikeln und dazugehörigen Bildern und Videos Missverständnisse vermeiden. Hier ist zu empfehlen, im Vorfeld des Launchings der Website frühzeitig eine Arbeitsgruppe zu bilden aus denen, die Beiträge technisch einpflegen und denen, die für die Öffentlichkeitsarbeit verantwortlich sind. Zu klären ist, wer Beiträge zur Veröffentlichung liefern soll und wie oft Aktualisierungen oder Posts geschehen sollen. Facebook und YouTube erfordern regelmäßige Pflege mit neuem Content, aber nicht in zu engen Zeitintervallen. Etwa einmal in der Woche, spätestens nach 14 Tagen, sollten hier neue Beiträge erscheinen. Im nächsten Schritt sind insbesondere die hauptamtlichen Mitarbeiter zu informieren, wie die Texte und Beiträge gestaltet sein müssen, damit sie ohne größeren technischen Aufwand gepostet werden können. Hier empfiehlt sich, gut lesbare Word-Dokumente und Bilder im JPG-Format an die technisch Verantwortlichen abzuliefern. Insbesondere für Social Media-Posts sollten die Texte von aktueller Bedeutung mit einer griffigen Überschrift versehen und möglichst kurz gefasst sein. Zu jedem Facebook-Beitrag sollte mindestens ein passendes Bild gepostet werden.

17. Quellenangabe

- Franziska Specht (11.07.2018), “Zielgruppensegmentierung für erfolgreiches Marketing”, https://pixelwerker.de/zielgruppensegmentierung/#klassische-kriterien-zur-zielgruppenanalyse, letzter Zugriff: 10.05.2020
- Werbeagentur für Much, “Referenzen aus Much”, https://www.illusion-factory.de/werbeagentur-much-webdesign.html, letzter Zugriff: 12.05.2020
- Werbeagentur Vierzehn05, “Kirchengemeinde Schwerte”, https://vierzehn05.de/cases/kirchengemeinde-schwerte/, letzter Zugriff: 12.05.2020
- Evangelische Kirche Schwerte, “Willkommen”, https://www.evangelische-kirche-schwerte.de, letzter Zugriff: 12.05.2020
- Kirche kommuniziert, “Online Marketing”, https://www.kirche-kommuniziert.ch/online-marketing/, letzter Zugriff: 12.05.2020
- Wikipedia, “Kirchenmarketing”, https://de.wikipedia.org/wiki/Kirchenmarketing, letzter Zugriff: 10.05.2020
- Gerd Felder (15.03.2019), “Die Kirche als Marke”, https://www.kirche-und-leben.de/artikel/experten-marketing-allein-macht-kirche-nicht-glaubwuerdig/, letzter Zugriff: 10.05.2020
- Christian Spließ (2017), “Marketing und Kirche: Keine Gegensätze”, https://steadynews.de/socialmedia/marketing-und-kirche-keine-gegensaetze, letzter Zugriff: 10.05.2020
- Kinderprojekt Arche, “Über uns”: https://www.kinderprojekt-arche.de/ueber-uns/angebote/essen/, letzter Zugriff: 12.05.2020
- www.jimdo.com, “Unsere Preise und Pakete”: https://www.jimdo.com/de/preise/website/, letzter Zugriff: 14.05.2020
- www.wix.com, “Premiumpakete von Wix”: https://de.wix.com/upgrade/website, letzter Zugriff: 14.05.2020
- www.weebly.com, “Preise”: https://www.weebly.com/de/pricing, letzter Zugriff: 14.05.2020
- “9 kostenlose Keyword Recherche Tools”, https://ahrefs.com/blog/de/kostenlose-keyword-recherche-tools/#wordtracker-scout, letzter Zugriff: 20.05.2020

18. Anhang

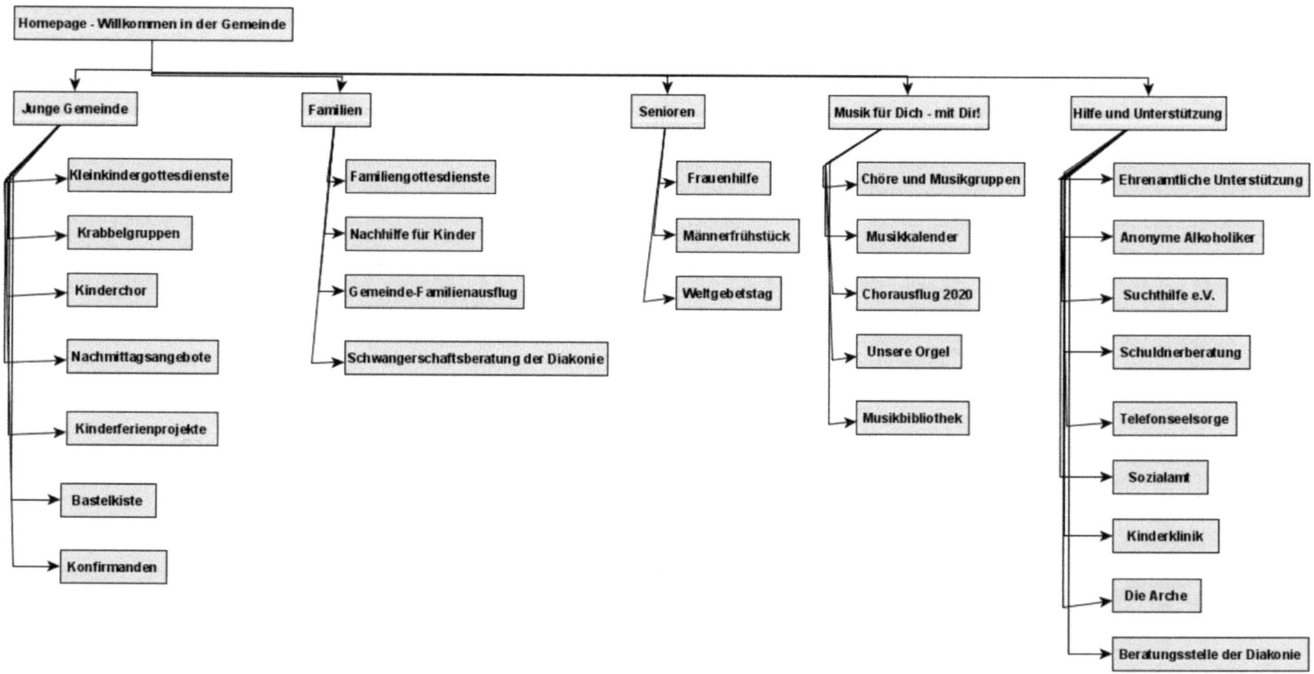
Homepage - Willkommen in der Gemeinde
Junge Gemeinde
Kleinkindergottesdienste
Krabbelgruppen
Kinderchor
Nachmittagsangebote
Kinderferienprojekte
Bastelkiste
Konfirmanden
Familien
Familiengottesdienste
Nachhilfe für Kinder
Gemeinde-Familienausflug
Schwangerschaftsberatung der Diakonie
Senioren
Frauenhilfe
Männerfrühstück
Weltgebetstag
Musik für Dich - mit Dir!
Chöre und Musikgruppen
Musikkalender
Chorausflug 2020
Unsere Orgel
Musikbibliothek
Hilfe und Unterstützung
Ehrenamtliche Unterstützung
Anonyme Alkoholiker
Suchthilfe e.V.
Schuldnerberatung
Telefonseelsorge
Sozialamt
Kinderklinik
Die Arche
Beratungsstelle der Diakonie